God Jul!

... och god läsning!

önskar

Eva & Lasse

Text: Jujja · Tomas Wieslander

Bild: Sven Nordqvist

Mamma Mu åker bobb

Natur och Kultur

Första upplagan, femte tryckningen

Bokförlaget Natur och Kultur, Stockholm
Tryck: New Interlitho, Milano 1996
All foreign rights handled by
Kerstin Kvint Literary & Co-production Agency
Box 45164, S-104 30 Stockholm

ISBN 91-27-03811-4

Det var vinter. Korna stod inne i lagårn.
Alla stod i sina bås, utom Mamma Mu.
Hon stod vid lagårdsfönstret och tittade ut.

Det pickade på fönstret.
Mamma Mu öppnade. Det var Kråkan.
– Hej Kråkan, sa hon. Har du sett barnen!
– Ja då, svarade Kråkan. Många gånger.
– De åker bobb! sa Mamma Mu.
Mu vad det ser kul ut. Titta!

Bondens flicka åkte med världens fart.
Hon sladdade så att snön sprutade.
Hon åkte slalom med bobben.
Hon höll på att köra *på* en pinne,
men klarade sej.

Hon kom till ett gupp.
Hopp . . . duns.
Hon hoppade jättelångt
och satt kvar.

Vilken fart!
Hon kom till en stubbe.
Hon höll på att köra på den,
men svängde undan.

Bobben välte.
Hon ramlade av
och rullade runt i snön.
Det tyckte hon var kul.
Oj vad hon skrattade.

– Men hon ramlade ju *av*! sa Kråkan.
– Hon skrattar, sa Mamma Mu. Mu vad kul barnen har.
– Men krax! sa Kråkan. Dom *ligger* ju i snön mer än dom sitter på bobben tycker jag. Är det kul det!?
– Det är meningen att man *ska* ramla av, sa Mamma Mu. Det är kul att ramla av.
– Ja men då behöver dom väl ingen bobb, sa Kråkan. Då kan dom väl bara lägga sej i snön direkt och skratta. Om d*et* nu är så kul.

– Vi går dit, sa Mamma Mu. Hon lät jätteglad.
– Vart? sa Kråkan.
– Till barnen i backen Kråkan.
– Till barnen i backen!? sa Kråkan och rynkade på näbben. Varför det?
– Vi kanske kan få låna en bobb Kråkan. Det får vi säkert. Bondens barn är så snälla.
Kråkan flög upp.
– Nix krax! ropade han och skakade på huvet. Ingenting kan få mej att åka bobb nerför en backe.
– Men mu, sa Mamma Mu. Jag tänkte att vi skulle åka tillsammans.
– Särskilt inte tillsammans med en ko! Jag ska hem!
Kråkan slog upp fönstret. Han hade bråttom. Han hade redan fällt ut vingarna för att flyga.

– Nej visst ja, sa Mamma Mu. Det tänkte jag inte på.
Det *går* nog inte.
– Går det inte? sa Kråkan och fällde ner vingarna.
– Nej, sa Mamma Mu. Bobben har ju *ratt.*
Och jag kan inte styra, för jag har inga händer.
Och kråkor åker ju inte bobb.
– G*ör* dom inte? frågade Kråkan och vände sej om.
– Så du kan ju inte heller styra, sa Mamma Mu.
– Kan inte jag? sa Kråkan och kom tillbaka.
Han sträckte på sej.
– Vad dumt det blev Kråkan, sa Mamma Mu.
Varför ska vi låna en bobb. Ingen av oss kan ju styra.

– Kan ingen av oss . . . ? Kråkan spände ut bröstet.
Han harklade sej. Flyttfåglar, Mamma Mu, sa han.
Vet du vad det är?
– Flyttfåglar? sa Mamma Mu.
– Det är blåfinkar och fulsparvar och småjoxar och mesostar. . .
– Mesostar . . . ?
– Ja, eller vad dom nu heter alla dom där små fåglarna
som flyttar till varma länder, när det ska bli vinter här.
Vet du varför kråkorna inte flyttar med?
– Nej, sa Mamma Mu. Vad kan det vara för?
– För att vara hemma och åka bobb, sa Kråkan.
– Muhu du, sa Mamma Mu. Är det därför?
– *Bara* därför, sa Kråkan. Så jag har åkt bobb när jag var liten jag.
Alla kråkor åkte bobb. Hela dagarna. Varenda dag. Hela vintern.
Och det var alltid jag som satt fram och styrde.
– Men mu Kråkan, sa Mamma Mu. Vilken tur! Då kan du ju styra.

Nu var Kråkan lugn. Han öppnade fönstret och hoppade ut.
Han pekade med ena vingen.
– Mot backen! ropade han och pulsade iväg med stora steg.
– Vad bra att bondens barn har gått hem. Nu kan vi låna bobben,
sa Mamma Mu och hämtade den.

Jag åker först! ropade Kråkan och satte sej på bobben.
Nån måste ju åka först. Jag kan åka först. Putta!
– Putta? sa Mamma Mu.
– Jaaa! ropade Kråkan. Spring och putta.
Man måste ha faaart! Har man bara fart så ordnar sej resten.
Spring och putta. Fort!

Det var inte så lätt för Mamma Mu att springa och putta.
Fötterna sjönk ner i snön och magen tog emot.
– Pust. Stånk. Springa och putta? sa Mamma Mu. Hur gör man då?
– Vad vet en ko! ropade Kråkan och flög upp från kälken.
Sätt dej på kälken så ska jag visa.

Mamma Mu satte sej med en duns. Det brakade, men bobben höll.
– Så här springer man och puttar! ropade Kråkan, och puttade så att han blev röd i ansiktet.
Bobben började åka nerför backen.
– Håll i dej gamla kossa! ropade Kråkan efter Mamma Mu.

– Oj då, sa Mamma Mu. Det är ju jag som åker bobb!
Hur gick *det* till? Vad fort det går! Jag kan ju inte styra!
Pang! Hon körde rakt på första slalompinnen.
– Oj då! Jag körde på en pinne, sa Mamma Mu.
Pang! Hon körde på den andra också.
Pang! Hon körde på en till.
Pang! Och en till. Och en till. Och en till.

Hon svängde ingenting.
Hon körde rakt på varenda pinne.
– Jag kör *rak* slalom! ropade Mamma Mu.
Då kom hon till guppet. Bobben hoppade.
Den flög inte så högt och inte så långt och sen . . .

Bobben grävde sej djupt ner
i snön och välte.
Mamma Mu ramlade av
och rullade en lång bit.
När hon stannade såg hon ut
som en stor snöboll
med horn.

När Kråkan kom fram låg Mamma Mu i snön och skrattade.
Kråkan la vingarna i kors och tittade strängt på henne.
– Du körde på alla slalompinnarna, sa han. Varenda en!
– Mu vad kul det var, sa Mamma Mu och skrattade.
– Du hoppade i guppet Mamma Mu, sa han. Konstigt att bobben höll.
– Det kuligaste var att ramla av, sa Mamma Mu.
– Det blev en stor grop, sa Kråkan. Du är för tjock Mamma Mu.
– Mu då, sa Mamma Mu. Jag är inte alls för tjock.
Det är snön som är för mjuk.

Kråkan började småspringa uppför backen.
– Nu är det *min* tur! ropade han.
Mamma Mu reste sej och började dra bobben upp.
– Det blev lite kallt om svansen, sa hon.
Den släpade efter kälken i snön.
– Man ska inte ha svans när man åker bobb!
ropade Kråkan. Det är min tur.
– Jag får knyta fast en skida efter bobben nästa gång,
sa Mamma Mu. Att ha svansen på.

Kråkan stod högst upp i backen och ropade.
– Skynda dej Mamma Mu. Kom med bobben nån gång, så jag får åka.
Mamma Mu pustade och stånkade i backen.

Så fort hon kom upp slängde han sej på bobben.
– Spring och putta Mamma Mu! ropade Kråkan.
Nu ska du få se på slalom!
– Vad kul Kråkan . . .
– Och nu ska du få se på *hopp* Mamma Mu.
– Jag springer och puttar Kråkan.
– Fortare! Man måste ha faaart!
Kråkan åkte iväg.

– Akta stubben bara,
sa Mamma Mu lite tyst.
– Full fart! ropade Kråkan.
Han åkte väldigt fort.
Han körde inte på några pinnar.
Han svängde och sladdade
så att snön sprutade.
– Sladd! ropade Kråkan.
Sladd igen! Och igen! Och igen!
Full fart! Snön *sprutar*!
Snyggt kört Kråkan! Jättesnyggt!

Kolla! Jag sträcker ut vingarna.
Jag kör utan att hålla i mej.
Nej! Ännu bättre! Jag *står*!
Jag står på kälken.
Nej! *Nu* vet jag!
Jag står på ett ben!
Och kolla in Kråkan nu då!
Jag lägger mej!
Jag ligger på mage och kör!

Och *nu* då!
Jag tror knappt mina egna ögon.
Jag ligger på *rygg* och kör!
Och här kommer guppet!

Bobben flög högt upp i luften.
Då släppte Kråkan taget och flög.
När bobben kom ner igen landade han.
Rakt på ratten.
– Jag sitter på ratten och styr!
ropade Kråkan. Det du.
Det gör du inte om Mamma Mu.

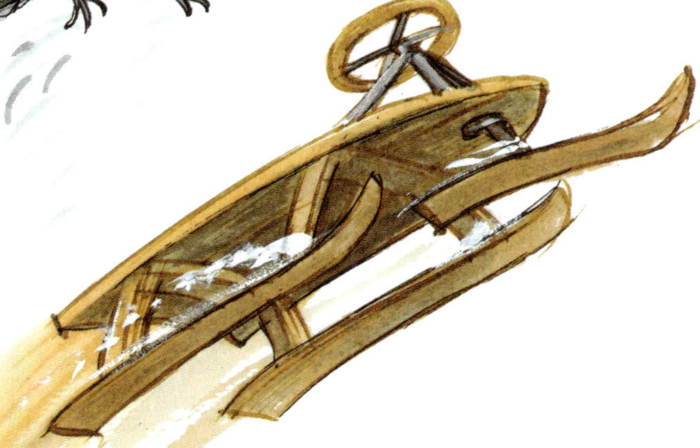

Ännu bättre! ropade Kråkan.
Jag *står* på ratten och styr.
Utan att hålla i mej!
Det trodde inte ens *jag* att jag kunde.

Otroligt! Jag vänder mej om.
Jag står på ratten.
Åker baklänges utan att hålla i mej.
Vilken konst! Suveränt!

Nu står jag på ratten, åker baklänges
utan att hålla i mej, blundar och håller för ögonen.
Jag är otrolig! Full fart! Ner mot stubben.
Det är *kul* att åka bobb. Stubben!?
Vilken stubb . . .

– Du körde på stubben Kråkan, sa Mamma Mu.
Du åkte genom luften och landade på rumpan.
– Du Mamma Mu, sa Kråkan stilla. Jag glömde att flyga.
– Hur gick det Kråkan? Slog du dej i rumpan?
– Nej, sa Kråkan och kände på rumpan.
Jag slog mej inte, Men snön slog mej. I rumpan.
– Stackars lilla Kråkan, sa Mamma Mu. Glömde du att flyga?
– Ynk, sa Kråkan. Det är konstigt att snö som är så mjuk
kan vara så hård. Jag ska hem.
– Ska du hem? sa Mamma Mu. Redan?
– Ja, sa Kråkan. Det är långt att gå.
– Ska du *gå*?
– Ja, sa Kråkan stilla. Det gör lite ont i rumpan.
Jag kan nog inte flyga mer idag.
Jag får gå hem och klättra upp i mitt bo.
Hej då, sa Kråkan och pulsade hemåt i snön.

– Kråkan fick *gå* hem idag, sa Mamma Mu.
Men han verkade inte vara så ledsen för det.
Jag tror han tyckte om att åka bobb,
bara han fick flaxa och kraxa lite först.
Det var kul att åka bobb tycker jag.
Men det kuligaste var att ramla av.